Beyond Worlds: Bilingual French-English Science Fiction Short Stories

Coledown Bilingual Books

Published by Coledown Bilingual Books, 2023.

While every precaution has been taken in the preparation of this book, the publisher assumes no responsibility for errors or omissions, or for damages resulting from the use of the information contained herein.

BEYOND WORLDS: BILINGUAL FRENCH-ENGLISH SCIENCE FICTION SHORT STORIES

First edition. October 27, 2023.

ISBN: 979-8223551782

Written by Coledown Bilingual Books.

Table of Contents

L'Éclipse de l'Âge Cosmique

Il était une fois, dans un futur lointain, une civilisation avancée qui s'étendait à travers les étoiles. Les humains avaient conquis les confins de la galaxie et vivaient dans des cités éblouissantes sur des planètes inimaginables. Cependant, ce récit ne parle pas de ces temps de prospérité, mais plutôt de la période sombre qui a précédé.

L'univers était gouverné par une force mystérieuse connue sous le nom de "L'Âge Cosmique". C'était une époque où la technologie avancée avait atteint son apogée, permettant aux êtres humains de maîtriser l'énergie des étoiles et de façonner la réalité à leur gré. Cependant, cette toute-puissance avait un prix. Les dirigeants de l'Âge Cosmique étaient devenus tyranniques, utilisant leur pouvoir pour asservir les masses et contrôler chaque aspect de la vie.

Au milieu de cette oppression, une jeune scientifique nommée Elara découvrit un artefact ancien, un cristal mystérieux qui semblait détenir des pouvoirs incroyables. Elle réalisa que ce cristal pourrait être la clé pour mettre fin à la tyrannie de l'Âge Cosmique. Avec l'aide de quelques alliés courageux, Elara entreprit un voyage épique pour démystifier le cristal et libérer les étoiles de l'emprise de l'Âge Cosmique.

Leur quête les mena à travers des mondes exotiques, à affronter des créatures étranges et à déchiffrer des énigmes anciennes. Ils découvrirent que le cristal était lié à une ancienne prophétie, une prophétie qui annonçait une éclipse cosmique rare, capable de révéler un pouvoir supérieur. Cependant, l'Âge Cosmique ne resterait pas les bras croisés. Ses dirigeants dépêchèrent des agents redoutables pour traquer Elara et récupérer le cristal.

Au fur et à mesure que l'éclipse approchait, la tension montait. Elara et ses compagnons durent faire face à des dilemmes moraux, à la trahison et à des défis cosmiques. Le sort de la galaxie était entre leurs mains.

Finalement, lors de l'éclipse, Elara se retrouva face à face avec les dirigeants de l'Âge Cosmique. Le cristal révéla son pouvoir ultime, permettant à Elara de défier la tyrannie et de restaurer l'équilibre dans l'univers. L'Âge Cosmique s'effondra, et une nouvelle ère de liberté et de coopération s'ensuivit.

The Eclipse of the Cosmic Age

Once upon a time, in a distant future, there was an advanced civilization that spanned across the stars. Humans had conquered the far reaches of the galaxy and lived in dazzling cities on unimaginable planets. However, this tale is not about those times of prosperity but rather the dark period that preceded them.

The universe was governed by a mysterious force known as the "Cosmic Age." It was an era where advanced technology had reached its zenith, allowing humans to harness the energy of stars and shape reality as they pleased. Yet, this omnipotence came at a price. The rulers of the Cosmic Age had become tyrannical, using their power to subjugate the masses and control every aspect of life.

In the midst of this oppression, a young scientist named Elara discovered an ancient artifact, a mysterious crystal that seemed to hold incredible powers. She realized that this crystal might be the key to ending the tyranny of the Cosmic Age. With the help of a few brave allies, Elara embarked on an epic journey to unlock the mysteries of the crystal and free the stars from the grip of the Cosmic Age.

Their quest took them through exotic worlds, pitting them against strange creatures and challenging them to unravel ancient riddles. They discovered that the crystal was tied to an ancient prophecy, a prophecy foretelling a rare cosmic eclipse capable of revealing a higher power. However, the Cosmic Age would not stand idly by. Its rulers dispatched formidable agents to track down Elara and reclaim the crystal.

As the eclipse drew near, tension mounted. Elara and her companions had to face moral dilemmas, betrayal, and cosmic challenges. The fate of the galaxy rested in their hands.

Finally, during the eclipse, Elara found herself face to face with the rulers of the Cosmic Age. The crystal revealed its ultimate power, allowing Elara to defy tyranny and restore balance to the universe. The Cosmic Age crumbled, and a new era of freedom and cooperation followed.

L'Éveil des Étoiles

Il y avait une planète lointaine, nommée Galion, qui orbite autour d'un soleil bleu étincelant. Ses vastes océans et ses forêts luxuriantes étaient le berceau d'une civilisation avancée. Les Galions, en apparence humains, avaient développé des pouvoirs télépathiques, ce qui avait forgé une société paisible et harmonieuse.

Cependant, tout cela était sur le point de changer. Un phénomène inexpliqué commença à se produire. Les étoiles dans le ciel de Galion commencèrent à s'estomper. C'était comme si une force invisible les aspirait lentement, réduisant leur éclat. Ce phénomène mystérieux suscita des inquiétudes parmi les Galions, car les étoiles étaient au cœur de leur culture et de leurs pouvoirs télépathiques.

Les dirigeants de Galion convoquèrent une réunion d'urgence pour discuter de cette menace croissante. Les scientifiques tentèrent de comprendre ce qui se passait, mais ils étaient démunis. Ils savaient que la disparition des étoiles signifierait la perte de leurs pouvoirs télépathiques, mais c'était bien plus que cela. Les étoiles étaient également un symbole de la sagesse et de la connaissance. Sans elles, la société de Galion s'effondrerait.

Au milieu de cette angoisse, un jeune Galion nommé Kael se distingua. Il avait toujours été curieux, cherchant à explorer les mystères de l'univers. Kael se lança dans une aventure audacieuse pour découvrir la vérité derrière la disparition des étoiles. Armé de son courage et de sa détermination, il quitta Galion à bord d'un vaisseau spatial conçu pour explorer l'espace profond.

Son voyage le mena à travers des systèmes stellaires inconnus, où il rencontra des civilisations extraterrestres, des planètes étranges et des phénomènes cosmiques fascinants. Kael rencontra également des alliés inattendus qui partageaient son désir de sauver les étoiles. Ensemble, ils recueillirent des indices, élaborèrent des théories et affrontèrent des épreuves qui les rapprochèrent de la vérité.

Pendant ce temps, sur Galion, la société commença à se fissurer. L'absence de nouvelles découvertes concernant les étoiles suscita la peur et la panique. Les tensions augmentèrent, et des factions émergèrent, chacune cherchant à préserver ce qui restait de la culture galionne à sa manière. La paix fut menacée, et la confiance envers Kael s'amenuisait.

Finalement, Kael découvrit la source de la disparition des étoiles. Une entité ancienne, une sorte de parasite interdimensionnel, se nourrissait de l'énergie des étoiles. Elle avait découvert Galion comme source de nourriture et avait commencé à aspirer l'éclat des étoiles. Kael se rendit compte que pour sauver son peuple, il devait affronter cette entité et la convaincre de libérer son emprise sur les étoiles.

Le face-à-face avec l'entité interdimensionnelle fut un affrontement mental épique, où Kael utilisa ses pouvoirs télépathiques et sa détermination pour convaincre l'entité de laisser les étoiles en paix. Après une bataille psychique qui secoua les fondements de la réalité, l'entité céda. Les étoiles de Galion furent libérées, retrouvant leur éclat et leur place dans le ciel.

De retour sur Galion en triomphe, Kael partagea son récit de son incroyable voyage. Il expliqua comment la compréhension et la compassion avaient triomphé de la peur et de la panique. Les leçons apprises durant son voyage unirent les Galions, renforçant leur société et leur permettant de prospérer à nouveau.

The Awakening of the Stars

There was a distant planet called Galion, orbiting around a sparkling blue sun. Its vast oceans and lush forests were the cradle of an advanced civilization. The Galions, who appeared human, had developed telepathic powers, which had forged a peaceful and harmonious society.

However, all of this was about to change. An unexplained phenomenon began to occur. The stars in Galion's sky started to fade. It was as if an invisible force was slowly drawing them in, diminishing their brightness. This mysterious phenomenon raised concerns among the Galions because the stars were at the core of their culture and their telepathic powers.

Galion's leaders called for an emergency meeting to discuss this growing threat. Scientists attempted to understand what was happening, but they were at a loss. They knew that the disappearance of the stars would mean the loss of their telepathic powers, but it was much more than that. The stars were also a symbol of wisdom and knowledge. Without them, Galion's society would crumble.

Amidst this anxiety, a young Galion named Kael stood out. He had always been curious, seeking to explore the mysteries of the universe. Kael embarked on a daring adventure to uncover the truth behind the disappearing stars. Armed with his courage and determination, he left Galion aboard a spacecraft designed for deep space exploration.

His journey took him through unknown star systems, where he encountered extraterrestrial civilizations, strange planets, and fascinating cosmic phenomena. Kael also met unexpected allies who shared his desire to save the stars. Together, they gathered clues, developed theories, and faced trials that brought them closer to the truth.

Meanwhile, on Galion, society began to fracture. The lack of new discoveries regarding the stars bred fear and panic. Tensions escalated, and factions emerged, each seeking to preserve what remained of Galion's culture in its own way. Peace was threatened, and trust in Kael waned.

Ultimately, Kael discovered the source of the disappearing stars. An ancient entity, a kind of interdimensional parasite, fed on the energy of the stars. It had found Galion as a food source and had begun siphoning the stars' radiance. Kael realized that to save his people, he had to confront this entity and persuade it to release its hold on the stars.

The showdown with the interdimensional entity was an epic mental battle, where Kael used his telepathic powers and determination to convince the entity to let the stars be. After a psychic battle that shook the foundations of reality, the entity relented. Galion's stars were liberated, regaining their brilliance and their place in the sky.

Back on Galion in triumph, Kael shared his incredible journey's story. He explained how understanding and compassion had triumphed over fear and panic. The lessons learned during his voyage united the Galions, strengthening their society and enabling them to thrive once again.

Les Portes de l'Univers

Dans un futur lointain, sur la planète Néoterra, l'humanité avait atteint un niveau de développement technologique inimaginable. La science avait permis aux Néoterrans d'explorer les confins de l'univers, de maîtriser la génétique et de coloniser des planètes lointaines. Mais malgré ces avancées, il restait un mystère que la science n'avait pas encore résolu : les portes de l'univers.

Ces portes étaient d'énigmatiques passages interstellaires qui semblaient se matérialiser de manière aléatoire à travers la galaxie. Nul ne comprenait leur origine ou leur but, mais leur pouvoir était indéniable. Ils permettaient des voyages instantanés à travers l'univers, raccourcissant les distances cosmiques en un instant. Les Néoterrans les exploitaient pour le commerce interstellaire, la recherche scientifique et la colonisation de mondes éloignés.

L'histoire débute avec le protagoniste, Leander, un jeune scientifique qui consacre sa vie à percer le mystère des portes de l'univers. Sa passion est née d'un événement traumatisant de son enfance : la disparition soudaine de ses parents lorsqu'ils ont traversé une de ces portes.

Leander travaille dans un laboratoire de pointe sur Néoterra, où il mène des expériences pour comprendre le fonctionnement des portes. Un jour, ses recherches le conduisent à une percée majeure. Il découvre un schéma dans l'apparition des portes, une sorte de code cosmique qui semble régir leur comportement. Ce code pourrait être la clé pour contrôler et prévoir l'apparition des portes.

Pendant ce temps, une organisation secrète, connue sous le nom de l'Ordre des Gardiens de l'Univers, surveille de près les portes. Ils croient que les portes sont la clé d'un pouvoir immense, capable de remodeler la réalité elle-même. Ils cherchent à s'approprier le code découvert par Leander pour leurs propres desseins. L'Ordre est prêt à tout pour y parvenir, même s'il faut éliminer quiconque se met en travers de leur chemin.

Leander, ignorant la menace que représente l'Ordre des Gardiens de l'Univers, partage sa découverte avec la communauté scientifique. Bientôt, il se retrouve au cœur d'une course contre la montre pour développer une technologie capable de prévoir et de contrôler les portes. Il forme une équipe de scientifiques brillants pour travailler sur ce projet.

Cependant, l'Ordre des Gardiens de l'Univers n'est pas loin. Ils lancent des attaques pour s'emparer du code de Leander, déclenchant une série d'événements qui mettent la vie de Leander et de son équipe en danger. La tension monte alors que Leander se bat pour protéger sa découverte et préserver l'utilisation pacifique des portes de l'univers.

Leander et son équipe parviennent finalement à développer la technologie de contrôle des portes, mais l'Ordre des Gardiens de l'Univers les traque implacablement. Une confrontation finale a lieu dans une région inexplorée de l'univers, où le destin de l'humanité et de l'univers tout entier est en jeu.

Leander, armé de sa connaissance et de sa détermination, affronte les membres de l'Ordre. Dans un duel mental et physique épique, il parvient à détourner leur pouvoir et à refermer les portes de l'univers. La menace de l'Ordre est écartée, mais les portes restent closes, leur origine et leur but demeurant un mystère.

Le récit se termine avec Leander, maintenant âgé, contemplant les étoiles. Il réalise que certaines énigmes de l'univers resteront à jamais insolubles, mais il est heureux d'avoir protégé leur utilisation pacifique. Sa quête continue à inspirer les générations futures à explorer les mystères de l'univers, tout en respectant la puissance des portes de l'univers.

The Gates of the Universe

In a distant future, on the planet Neoterra, humanity had achieved an unimaginable level of technological development. Science had allowed Neoterrans to explore the far reaches of the universe, master genetics, and colonize distant planets. But despite these advancements, there remained a mystery that science had not yet unraveled: the gates of the universe.

These gates were enigmatic interstellar passages that seemed to materialize randomly throughout the galaxy. No one understood their origin or purpose, but their power was undeniable. They allowed instant travel across the universe, shortening cosmic distances in an instant. Neoterrans harnessed them for interstellar trade, scientific research, and the colonization of remote worlds.

The story begins with the protagonist, Leander, a young scientist who dedicates his life to unraveling the mystery of the gates of the universe. His passion stems from a traumatic event in his childhood: the sudden disappearance of his parents when they traversed one of these gates.

Leander works in an advanced laboratory on Neoterra, conducting experiments to understand how the gates function. One day, his research leads to a major breakthrough. He discovers a pattern in the appearance of the gates, a kind of cosmic code that seems to govern their behavior. This code could be the key to controlling and predicting the appearance of the gates.

Meanwhile, a secretive organization known as the Order of the Guardians of the Universe closely monitors the gates. They believe that the gates hold the key to immense power, capable of reshaping reality itself. They seek to appropriate the code discovered by Leander for their own purposes. The Order is willing to go to any lengths to achieve this, even if it means eliminating anyone who stands in their way.

Leander, unaware of the threat posed by the Order of the Guardians of the Universe, shares his discovery with the scientific community. Soon, he finds himself at the center of a race against time to develop technology capable of predicting and controlling the gates. He assembles a team of brilliant scientists to work on this project.

However, the Order of the Guardians of the Universe is never far away. They launch attacks to seize Leander's code, triggering a series of events that put the lives of Leander and his team in peril. Tensions rise as Leander fights to protect his discovery and preserve the peaceful use of the gates of the universe.

Leander and his team ultimately manage to develop the gate control technology, but the Order of the Guardians of the Universe relentlessly pursues them. A final confrontation takes place in an uncharted region of the universe, where the fate of humanity and the entire universe hangs in the balance.

Leander, armed with his knowledge and determination, faces off against the members of the Order. In an epic mental and physical duel, he manages to divert their power and close the gates of the universe. The threat of the Order is averted, but the gates remain sealed, their origin and purpose still shrouded in mystery.

The story concludes with an elderly Leander, gazing at the stars. He realizes that some mysteries of the universe will forever remain unsolved, but he is content to have protected their peaceful use. His quest continues to inspire future generations to explore the mysteries of the universe while respecting the power of the gates of the universe.

La Résonance des Étoiles

Dans un coin éloigné de la galaxie, une planète nommée Stellaraire était le berceau d'une civilisation avancée. Les Stellariens étaient des êtres humanoïdes dotés d'une connexion unique avec les étoiles. Leur société avait évolué en harmonie avec les constellations, utilisant leur énergie pour propulser leur technologie, guider leur navigation spatiale et nourrir leurs esprits.

Au cœur de cette planète se trouvait la Cité des Étoiles, un immense dôme cristallin orné de motifs célestes. C'était là que résidait la Confrérie des Astromanciens, un ordre de sages qui entretenaient la relation entre les Stellariens et les étoiles. Ils avaient le pouvoir de communiquer avec les astres, de prédire les phénomènes cosmiques et de maintenir l'équilibre de Stellaraire.

Notre histoire suit le jeune astromancien, Aéron, un Stellarien curieux et ambitieux qui rêve d'explorer les étoiles. Cependant, son désir de connaître l'univers au-delà de Stellaraire est contrecarré par les règles strictes de la Confrérie, qui considère les voyages spatiaux comme trop risqués pour les Stellariens. Ils craignent que l'éloignement des étoiles n'entraîne la perte de leurs dons uniques.

Aéron est né avec une étrange capacité : il peut ressentir la résonance des étoiles. Cela signifie qu'il peut non seulement communiquer avec elles, mais aussi entendre leur chant mystique, une mélodie céleste qui contient des secrets cachés de l'univers. C'est une capacité rare et puissante, mais l'utilisation de cette compétence est strictement réglementée par la Confrérie.

Lorsque le père d'Aéron disparaît lors d'une mission pour communiquer avec une étoile éloignée, Aéron se trouve confronté à un choix difficile. Il peut suivre les règles de la Confrérie ou poursuivre sa quête personnelle pour comprendre ce qui est arrivé à son père. Poussé par sa loyauté envers sa famille et sa soif de connaissances, il choisit la seconde option.

Aéron s'embarque dans un voyage interstellaire audacieux, utilisant ses compétences pour découvrir la vérité. Il est accompagné de son fidèle ami et mécanicien, Lylia, qui l'aide à adapter un vaisseau spatial pour résister aux rigueurs de l'espace interstellaire. Ensemble, ils explorent des mondes exotiques, rencontrent des civilisations étrangères et découvrent des secrets interstellaires insoupçonnés.

Au fur et à mesure de leur quête, Aéron est confronté à une réalité choquante : les étoiles elles-mêmes sont en train de s'éteindre. Une obscurité mystérieuse se propage à travers la galaxie, menaçant de plonger l'univers dans le chaos. Aéron réalise que la résonance des étoiles est la clé pour comprendre et peut-être arrêter ce phénomène cataclysmique.

Les voyages d'Aéron le mènent finalement à une étoile en train de s'éteindre, où il doit affronter une entité cosmique ancienne qui se nourrit de la lumière des astres. C'est un combat épique entre la connaissance et l'obscurité, où Aéron utilise sa résonance pour défendre l'univers.

À la fin de cette bataille cosmique, Aéron réussit à sauver l'étoile et à inverser le processus de disparition. Cependant, il réalise que ce n'est que le début de sa mission. Il doit maintenant retourner à Stellaraire pour partager ses découvertes avec la Confrérie, préparer sa planète à affronter les ténèbres qui menacent de s'étendre et maintenir l'équilibre entre les étoiles et les Stellariens.

The Resonance of the Stars

In a remote corner of the galaxy, there was a planet called Stellaraire, the cradle of an advanced civilization. The Stellarians were humanoid beings with a unique connection to the stars. Their society had evolved in harmony with the constellations, using their energy to power their technology, guide their space navigation, and nourish their spirits.

At the heart of this planet was the City of Stars, a vast crystalline dome adorned with celestial patterns. This was where the Brotherhood of Astromancers resided, an order of sages who maintained the relationship between the Stellarians and the stars. They had the power to communicate with the celestial bodies, predict cosmic phenomena, and uphold the balance of Stellaraire.

Our story follows the young astromancer, Aeron, a curious and ambitious Stellarian who dreams of exploring the stars. However, his desire to know the universe beyond Stellaraire is thwarted by the strict rules of the Brotherhood, which considers space travel too risky for Stellarians. They fear that distancing themselves from the stars may lead to the loss of their unique gifts.

Aeron was born with a strange ability: he can feel the resonance of the stars. This means he can not only communicate with them but also hear their mystical song, a celestial melody that holds hidden secrets of the universe. It's a rare and powerful ability, but its use is strictly regulated by the Brotherhood.

When Aeron's father disappears during a mission to communicate with a distant star, Aeron faces a difficult choice. He can follow the Brotherhood's rules or pursue his personal quest to understand what happened to his father. Driven by loyalty to his family and his thirst for knowledge, he chooses the latter.

Aeron embarks on a bold interstellar journey, using his skills to uncover the truth. He is accompanied by his loyal friend and mechanic, Lylia, who helps him adapt a spaceship to withstand the rigors of interstellar space. Together, they explore exotic worlds, encounter alien civilizations, and uncover unsuspected interstellar secrets.

As their quest progresses, Aeron is confronted with a shocking reality: the stars themselves are fading. A mysterious darkness is spreading throughout the galaxy, threatening to plunge the universe into chaos. Aeron realizes that the resonance of the stars is the key to understanding and perhaps stopping this cataclysmic phenomenon.

Aeron's travels eventually lead him to a dying star, where he must confront an ancient cosmic entity that feeds on the light of the stars. It's an epic battle between knowledge and darkness, where Aeron uses his resonance to defend the universe.

At the end of this cosmic battle, Aeron succeeds in saving the star and reversing the process of its disappearance. However, he realizes that this is just the beginning of his mission. He must now return to Stellaraire to share his discoveries with the Brotherhood, prepare his planet to face the encroaching darkness, and maintain the balance between the stars and the Stellarians.

Les Gardiens de l'Infini

L'année était 2247, et l'humanité avait atteint des sommets de technologie et de connaissance qui semblaient impensables auparavant. La Terre n'était plus le seul foyer de l'humanité, car elle avait établi des colonies sur des planètes lointaines, créant un réseau galactique interconnecté. Les voyages spatiaux étaient monnaie courante, et la science avait résolu de nombreux mystères de l'univers.

Cependant, cette ère de prospérité était sur le point de connaître un bouleversement radical. Les scientifiques avaient découvert l'existence d'une anomalie cosmique appelée "Le Voile de l'Infini". C'était une barrière invisible qui séparait l'univers connu d'une dimension inexplorée, un endroit où les lois de la physique semblaient ne pas s'appliquer.

Les premières expéditions envoyées au-delà du Voile ne revinrent jamais, et la Terre elle-même fut touchée par des perturbations étranges. Des phénomènes inexpliqués se produisaient, allant de l'apparition de failles temporelles à des déformations de la réalité. La société commença à s'inquiéter, et des questions se posèrent quant à la sécurité de l'expansion galactique.

Dans cette période d'incertitude, un groupe de scientifiques, d'explorateurs et de chercheurs intrépides se rassembla sous le nom des "Gardiens de l'Infini". Ils étaient convaincus que la clé de la compréhension du Voile résidait dans la mystérieuse planète Veritas, située aux confins de la galaxie. Veritas était réputée abriter une bibliothèque ancienne contenant des connaissances interdites sur le Voile de l'Infini.

Le protagoniste de notre histoire, la jeune scientifique Ava Rousseau, était membre des Gardiens de l'Infini. Elle avait perdu ses parents lors d'une expédition au-delà du Voile, et cette perte l'avait poussée à consacrer sa vie à la compréhension du Voile et à la recherche de réponses. Son intelligence, sa détermination et son ingéniosité l'avaient propulsée au rang de chef de l'expédition vers Veritas.

L'expédition vers Veritas était risquée, mais les Gardiens de l'Infini étaient convaincus que c'était la seule manière de résoudre le mystère du Voile. Le voyage les mena à travers des étoiles inconnues, des phénomènes cosmiques étonnants et des rencontres avec des civilisations extraterrestres évoluées. Chaque étape du voyage révéla de nouveaux indices sur la nature du Voile de l'Infini.

Finalement, ils atteignirent Veritas, une planète mystérieuse et recouverte d'une végétation étrange. Là, ils découvrirent la bibliothèque ancienne, un édifice immense renfermant des milliers de textes codés et des artefacts énigmatiques. Ava commença à déchiffrer les secrets de la bibliothèque, révélant des connaissances interdites sur le Voile de l'Infini.

Pendant ce temps, des forces sombres qui se cachaient dans l'ombre commencèrent à percevoir la menace que représentaient les Gardiens de l'Infini. Ils étaient déterminés à empêcher la divulgation des secrets du Voile, car ils savaient que cela pourrait changer l'univers tel que nous le connaissons.

Une bataille épique eut lieu sur Veritas alors qu'Ava et les Gardiens de l'Infini étaient confrontés à ces forces obscures. Dans un affrontement de haute technologie, de connaissances interstellaires et de courage, Ava lutta pour protéger les révélations de la bibliothèque et pour percer le mystère du Voile.

Finalement, les Gardiens de l'Infini triomphèrent, mais le prix de la victoire fut lourd. Ava avait compris que le Voile de l'Infini n'était pas une menace, mais plutôt une opportunité. Il représentait un passage vers de nouvelles dimensions et des réalités inexplorées, offrant un potentiel incalculable pour l'humanité.

De retour sur Terre, Ava partagea les découvertes de la bibliothèque, ouvrant la voie à une ère de progrès scientifique et de découvertes interstellaires encore plus profondes. Le Voile de l'Infini n'était plus un mystère effrayant, mais une porte vers de nouveaux horizons.

The Guardians of Infinity

The year was 2247, and humanity had reached heights of technology and knowledge that had previously seemed unimaginable. Earth was no longer the sole home of humanity, as it had established colonies on distant planets, creating an interconnected galactic network. Space travel was common, and science had solved many mysteries of the universe.

However, this era of prosperity was about to experience a radical upheaval. Scientists had discovered the existence of a cosmic anomaly known as "The Veil of Infinity." It was an invisible barrier that separated the known universe from an uncharted dimension, a place where the laws of physics seemed not to apply.

The first expeditions sent beyond the Veil never returned, and Earth itself was affected by strange disturbances. Unexplained phenomena occurred, ranging from the appearance of temporal rifts to distortions of reality. Society began to worry, and questions arose about the safety of galactic expansion.

In this period of uncertainty, a group of bold scientists, explorers, and researchers gathered under the name "The Guardians of Infinity." They were convinced that the key to understanding the Veil lay on the mysterious planet Veritas, located at the farthest reaches of the galaxy. Veritas was rumored to house an ancient library containing forbidden knowledge about the Veil of Infinity.

The protagonist of our story, the young scientist Ava Rousseau, was a member of the Guardians of Infinity. She had lost her parents on an expedition beyond the Veil, and this loss had driven her to dedicate her life to understanding the Veil and seeking answers. Her intelligence, determination, and ingenuity had propelled her to the position of the leader of the expedition to Veritas.

The expedition to Veritas was risky, but the Guardians of Infinity believed it was the only way to unravel the mystery of the Veil. The journey took them through unknown stars, astonishing cosmic phenomena, and encounters with advanced extraterrestrial civilizations. Each step of the journey revealed new clues about the nature of the Veil of Infinity.

Finally, they reached Veritas, a mysterious planet covered in strange vegetation. There, they discovered the ancient library, a massive edifice containing thousands of coded texts and enigmatic artifacts. Ava began to decipher the secrets of the library, revealing forbidden knowledge about the Veil of Infinity.

Meanwhile, dark forces lurking in the shadows began to perceive the threat posed by the Guardians of Infinity. They were determined to prevent the disclosure of the Veil's secrets, as they knew it could change the universe as we know it.

An epic battle took place on Veritas as Ava and the Guardians of Infinity faced these dark forces. In a high-tech, interstellar knowledge, and courage confrontation, Ava fought to protect the library's revelations and to unravel the mystery of the Veil.

In the end, the Guardians of Infinity triumphed, but the price of victory was heavy. Ava understood that the Veil of Infinity was not a threat but an opportunity. It represented a passage to new dimensions and uncharted realities, offering incalculable potential for humanity.

Back on Earth, Ava shared the library's discoveries, paving the way for an era of even deeper scientific progress and interstellar discoveries. The Veil of Infinity was no longer a frightening mystery but a gateway to new horizons.

Le Voyageur du Temps

En l'an 3050, l'humanité avait atteint un niveau de progrès technologique qui lui permettait de voyager dans le temps. L'invention de la machine temporelle avait ouvert de nouvelles perspectives pour l'exploration de l'histoire et de l'avenir de l'humanité. Cependant, son utilisation était strictement réglementée, car les risques étaient immenses.

Le protagoniste de notre histoire, Lucas Dupont, était un jeune scientifique travaillant sur le projet Tempus, le programme gouvernemental chargé de surveiller et de réguler les voyages dans le temps. Lucas était un homme passionné par les mystères de l'histoire et de l'univers, et il rêvait de découvrir des secrets cachés du passé.

Un jour, alors qu'il effectuait une inspection de routine de la machine temporelle, Lucas découvrit un étrange journal caché dans un compartiment secret de l'appareil. Le journal était vieux de plusieurs siècles et appartenait à un voyageur du temps mystérieux nommé Eleanora.

Les écrits d'Eleanora racontaient ses aventures dans le passé, ses rencontres avec des figures historiques et les secrets qu'elle avait découverts. Lucas fut immédiatement captivé par le journal et commença à le lire. Au fil des pages, il était transporté dans le temps, vivant les expériences d'Eleanora à travers ses mots.

Il découvrit que la machine temporelle avait été inventée bien avant ce qu'il croyait, et qu'elle avait été utilisée secrètement par des voyageurs du temps pour influencer le cours de l'histoire. Les révélations d'Eleanora soulevaient des questions troublantes sur les motivations des voyageurs du temps et sur les conséquences de leurs actions sur le présent et le futur.

Lucas devint obsédé par le journal et décida de suivre les traces d'Eleanora en utilisant la machine temporelle. Il se lança dans un voyage à travers le temps, à la recherche de la vérité sur les voyageurs du temps et sur les mystères qu'ils cherchaient à résoudre.

Son périple le conduisit dans des époques et des lieux divers, de l'Égypte ancienne à la Renaissance italienne, en passant par la révolution industrielle et le futur lointain. À chaque étape de son voyage, Lucas rencontra des figures historiques fascinantes et fut confronté à des dilemmes moraux complexes.

Il découvrit que les voyageurs du temps étaient divisés en factions secrètes, chacune poursuivant ses propres objectifs. Certains cherchaient à corriger des injustices historiques, tandis que d'autres avaient des ambitions plus sombres, voulant modifier le cours de l'histoire à leur avantage.

Lucas se retrouva pris au piège dans un conflit temporel, avec des forces puissantes qui cherchaient à le contrôler et à utiliser ses connaissances pour leurs propres fins. Il devait faire preuve de ruse, de perspicacité et de courage pour naviguer dans ce labyrinthe temporel et préserver l'intégrité de l'histoire.

Au fil de son voyage, Lucas apprit que la machine temporelle avait été créée par une ancienne civilisation extraterrestre, les Chronarques, qui avaient la capacité de manipuler le temps. Les Chronarques avaient laissé des indices cachés dans le passé pour guider les voyageurs du temps vers la découverte de leur véritable histoire et de leur technologie temporelle.

Finalement, Lucas parvint à comprendre les intentions des Chronarques et à empêcher une catastrophe temporelle imminente. Il réalisa que la machine temporelle devait être utilisée avec précaution, pour préserver l'équilibre de l'histoire et de l'univers.

De retour à son époque d'origine, Lucas partagea ses découvertes avec le programme Tempus, incitant à une réévaluation de l'utilisation de la machine temporelle. L'humanité avait désormais la responsabilité de préserver l'intégrité de l'histoire et de l'avenir, tout en continuant à explorer les mystères du temps.

The Time Traveler

In the year 3050, humanity had reached a level of technological progress that allowed for time travel. The invention of the time machine had opened up new possibilities for exploring the history and future of humanity. However, its use was strictly regulated because the risks were immense.

The protagonist of our story, Lucas Dupont, was a young scientist working on the Tempus project, the government program responsible for monitoring and regulating time travel. Lucas was a man passionate about the mysteries of history and the universe, and he dreamed of uncovering hidden secrets of the past.

One day, while conducting a routine inspection of the time machine, Lucas discovered a strange journal hidden in a secret compartment of the device. The journal was centuries old and belonged to a mysterious time traveler named Eleanora.

Eleanora's writings recounted her adventures in the past, her encounters with historical figures, and the secrets she had uncovered. Lucas was immediately captivated by the journal and began reading it. With each turn of the pages, he was transported through time, experiencing Eleanora's adventures through her words.

He discovered that the time machine had been invented much earlier than he believed, and it had been used in secret by time travelers to influence the course of history. Eleanora's revelations raised troubling questions about the motivations of time travelers and the consequences of their actions on the present and the future.

Lucas became obsessed with the journal and decided to follow in Eleanora's footsteps using the time machine. He embarked on a journey through time, in search of the truth about time travelers and the mysteries they sought to solve.

His journey took him to various eras and places, from ancient Egypt to the Italian Renaissance, through the industrial revolution and the distant future. At each stage of his journey, Lucas encountered fascinating historical figures and faced complex moral dilemmas.

He discovered that time travelers were divided into secret factions, each pursuing its own goals. Some sought to correct historical injustices, while others had darker ambitions, wanting to alter the course of history to their advantage.

Lucas found himself trapped in a temporal conflict, with powerful forces seeking to control him and use his knowledge for their own purposes. He had to use cunning, insight, and courage to navigate this temporal labyrinth and preserve the integrity of history.

As he traveled, Lucas learned that the time machine had been created by an ancient extraterrestrial civilization, the Chronarchs, who had the ability to manipulate time. The Chronarchs had left hidden clues in the past to guide time travelers to the discovery of their true history and time technology.

Ultimately, Lucas managed to understand the intentions of the Chronarchs and prevent an imminent temporal catastrophe. He realized that the time machine had to be used with caution to preserve the balance of history and the universe.

Back in his original time, Lucas shared his discoveries with the Tempus program, prompting a reevaluation of the use of the time machine. Humanity now had the responsibility to preserve the integrity of history and the future while continuing to explore the mysteries of time.

Les Mondes Parallèles

En l'an 2165, la Terre avait atteint un niveau de technologie avancée qui lui permettait de coloniser d'autres planètes du système solaire. L'humanité avait établi des colonies sur Mars, Titan et Europa, créant ainsi une présence humaine durable dans l'univers. Cependant, cette nouvelle ère d'exploration spatiale allait bientôt révéler des secrets cosmiques qui allaient bouleverser notre compréhension de la réalité.

Le protagoniste de notre histoire, le scientifique en astrophysique Hugo Moreau, travaillait sur la station orbitale Léonard de Vinci, en orbite autour de Jupiter. Sa mission était de surveiller les signaux provenant du télescope spatial Hypérion, qui explorait les confins du système solaire.

Un jour, le télescope Hypérion capta un étrange signal provenant de l'une des lunes de Jupiter, Callisto. Le signal n'était pas d'origine naturelle, il ressemblait plutôt à une transmission codée. Hugo fut chargé d'analyser ce mystérieux message.

Après des semaines de déchiffrement, Hugo réalisa que le signal était une invitation à explorer une réalité alternative. Les créateurs de ce message semblaient posséder une technologie avancée qui leur permettait de voyager entre différentes réalités parallèles. Ils proposaient à l'humanité de les rejoindre pour découvrir des mondes au-delà de notre compréhension.

Hugo était fasciné par cette opportunité et persuada les autorités de la Terre de lancer une expédition vers Callisto pour rencontrer ces êtres énigmatiques. Un équipage de scientifiques et d'explorateurs fut assemblé, et un vaisseau spatial fut préparé pour le voyage interdimensionnel.

La mission fut nommée "Projet Porte des Étoiles" en référence à la série de science-fiction du 20e siècle qui avait popularisé l'idée de voyages interdimensionnels. Le vaisseau spatial, baptisé "Étoile des Mondes," fut équipé de technologie de pointe capable de créer une "porte des étoiles" pour voyager entre les réalités parallèles.

Lorsque l'équipage arriva sur Callisto, ils découvrirent une installation technologique étonnante. Elle était située sous la surface de la lune et semblait être le point de convergence de multiples réalités. Les créateurs du message, appelés les Gardiens de la Convergence, étaient des êtres éthérés capables de se déplacer entre les dimensions.

Les Gardiens de la Convergence expliquèrent que l'univers était un tissu complexe de réalités parallèles, chacune légèrement différente de l'autre. Ils avaient la capacité de voyager entre ces réalités, d'apprendre de chaque monde et de partager leur connaissance avec d'autres réalités. Ils avaient observé la Terre depuis des siècles et avaient été intrigués par notre évolution.

Hugo et son équipage apprirent que les Gardiens de la Convergence cherchaient à créer un réseau de mondes interconnectés, où chaque réalité apporterait sa propre expertise et sa propre culture. Ils proposèrent à l'humanité de rejoindre ce réseau pour partager nos connaissances et nos ressources.

Cependant, cette opportunité n'était pas sans risques. Les Gardiens de la Convergence avertirent que certaines réalités étaient hostiles et cherchaient à exploiter le réseau pour leurs propres fins. Il appartenait à l'humanité de décider si elle souhaitait s'engager dans cette aventure interdimensionnelle.

Hugo et son équipage décidèrent de retourner sur Terre pour débattre de cette proposition avec les dirigeants mondiaux. La décision de rejoindre le réseau des mondes parallèles suscita des débats intenses à l'échelle mondiale. Certains craignaient les risques potentiels, tandis que d'autres étaient enthousiastes à l'idée d'explorer de nouvelles réalités.

Finalement, une décision fut prise. L'humanité accepta l'invitation des Gardiens de la Convergence et décida de devenir un membre actif du réseau des mondes parallèles. Les Portes des Étoiles furent construites sur Terre et dans d'autres colonies spatiales pour faciliter les voyages interdimensionnels.

Les années qui suivirent furent une période d'exploration et de découverte incroyables. L'humanité interagissait avec des civilisations d'autres réalités, partageant des connaissances, des ressources et des expériences. La Terre devint un carrefour de l'univers, un lieu où les mondes se rencontraient.

Cependant, comme les Gardiens de la Convergence l'avaient averti, il y avait aussi des défis et des dangers. Des réalités hostiles tentèrent d'exploiter le réseau pour leurs propres intérêts, entraînant des conflits interdimensionnels. L'humanité dut faire face à des dilemmes éthiques complexes, tout en continuant à explorer les merveilles des mondes parallèles.

Hugo Moreau vécut pour voir l'impact incroyable de cette décision sur l'avenir de l'humanité. La Terre était devenue un membre respecté du réseau des mondes parallèles, contribuant à la diversité et à la richesse de l'univers. Les Portes des Étoiles représentaient un symbole de coopération interdimensionnelle, un rappel que l'exploration et la découverte étaient au cœur de la nature humaine.

The Parallel Worlds

In the year 2165, Earth had reached an advanced level of technology that allowed for the colonization of other planets in the solar system. Humanity had established colonies on Mars, Titan, and Europa, creating a lasting human presence in the universe. However, this new era of space exploration was about to reveal cosmic secrets that would disrupt our understanding of reality.

The protagonist of our story, astrophysicist Hugo Moreau, worked on the orbital station Leonardo da Vinci, in orbit around Jupiter. His mission was to monitor signals from the Hypérion space telescope, which was exploring the far reaches of the solar system.

One day, the Hypérion telescope picked up a strange signal from one of Jupiter's moons, Callisto. The signal was not of natural origin; it resembled a coded transmission. Hugo was tasked with analyzing this mysterious message.

After weeks of deciphering, Hugo realized that the signal was an invitation to explore an alternate reality. The creators of this message seemed to possess advanced technology that allowed them to travel between different parallel realities. They offered humanity the opportunity to join them in discovering worlds beyond our understanding.

Hugo was fascinated by this opportunity and convinced Earth's authorities to launch an expedition to Callisto to meet these enigmatic beings. A crew of scientists and explorers was assembled, and a spaceship was prepared for interdimensional travel.

The mission was named "Project Stargate," a reference to the 20th-century science fiction series that popularized the idea of interdimensional travel. The spaceship, named the "Star of Worlds," was equipped with state-of-the-art technology capable of creating a "stargate" to travel between parallel realities.

When the crew arrived on Callisto, they discovered an astonishing technological facility. It was located beneath the moon's surface and appeared to be the point of convergence for multiple realities. The creators of the message, called the Guardians of Convergence, were ethereal beings capable of moving between dimensions.

The Guardians of Convergence explained that the universe was a complex fabric of parallel realities, each slightly different from the other. They had the ability to travel between these realities, learn from each world, and share their knowledge with other realities. They had been observing Earth for centuries and were intrigued by our evolution.

Hugo and his crew learned that the Guardians of Convergence sought to create a network of interconnected worlds, where each reality would bring its own expertise and culture. They offered humanity the chance to join this network to share our knowledge and resources.

However, this opportunity was not without risks. The Guardians of Convergence warned that some realities were hostile and sought to exploit the network for their own purposes. It was up to humanity to decide if they wanted to embark on this interdimensional adventure.

Hugo and his crew decided to return to Earth to debate this proposal with world leaders. The decision to join the network of parallel worlds sparked intense global debates. Some feared the potential risks, while others were excited about exploring new realities.

Eventually, a decision was made. Humanity accepted the invitation of the Guardians of Convergence and chose to become an active member of the network of parallel worlds. Stargates were constructed on Earth and in other space colonies to facilitate interdimensional travel.

The following years were a period of incredible exploration and discovery. Humanity interacted with civilizations from other realities, sharing knowledge, resources, and experiences. Earth became a crossroads of the universe, a place where worlds met.

However, as the Guardians of Convergence had warned, there were also challenges and dangers. Hostile realities attempted to exploit the network for their own interests, leading to interdimensional conflicts. Humanity faced complex ethical dilemmas while continuing to explore the wonders of parallel worlds.

Hugo Moreau lived to see the incredible impact of this decision on the future of humanity. Earth had become a respected member of the network of parallel worlds, contributing to the diversity and richness of the universe. The Stargates represented a symbol of interdimensional cooperation, a reminder that exploration and discovery were at the core of human nature.

Les Gardiens du Nexus

Dans un futur lointain, l'humanité avait conquis les étoiles. Les planètes du système solaire étaient désormais des colonies prospères, et les voyages interstellaires étaient devenus une réalité quotidienne. La Terre elle-même était devenue le siège d'une fédération galactique qui englobait de nombreuses espèces extraterrestres.

Au cœur de cette fédération se trouvait une découverte révolutionnaire : le Nexus, une station spatiale massive située à la frontière de l'espace connu. Le Nexus était une création extraordinaire d'une ancienne civilisation qui avait laissé derrière elle une technologie avancée. La station était capable de plier l'espace-temps, permettant des voyages instantanés entre les étoiles.

Le protagoniste de notre histoire, le capitaine Elena Martinez, était le commandant de l'USS Aegis, un vaisseau de la Fédération galactique. Elle était une exploratrice chevronnée, toujours avide de nouvelles découvertes, et elle avait été choisie pour diriger une mission d'exploration du Nexus.

La mission de l'USS Aegis était de pénétrer dans le Nexus, d'enquêter sur ses origines et de comprendre sa technologie. La fédération avait longtemps exploité le Nexus pour ses voyages interstellaires, mais son fonctionnement demeurait en grande partie un mystère.

Elena et son équipage pénétrèrent dans le Nexus, découvrant un monde étrange et complexe fait de couloirs dimensionnels entrecroisés. Ils furent confrontés à des défis insoupçonnés, notamment des fluctuations temporelles et spatiales imprévisibles.

Alors qu'ils explorèrent plus en profondeur, Elena découvrit que le Nexus avait une conscience propre, une entité consciente qui semblait être la gardienne de la technologie. Elle communiqua avec Elena par des visions et des messages cryptiques, lui révélant que le Nexus avait été conçu pour maintenir l'équilibre de l'univers.

Le Nexus avait permis des voyages interstellaires depuis des millénaires, mais il était menacé par une force mystérieuse et destructrice. Elena comprit que la survie du Nexus était vitale pour la stabilité de la fédération galactique et de l'univers tout entier.

Alors que l'USS Aegis explorait plus en profondeur le Nexus, Elena et son équipage furent confrontés à des énigmes complexes et à des dilemmes moraux. Ils rencontrèrent d'autres explorateurs qui avaient tenté de contrôler le Nexus à des fins égoïstes, menaçant son intégrité.

Elena réalisa que pour sauver le Nexus, elle devait s'allier avec la conscience de la station et faire face à la force destructrice qui la menaçait. Elle entra dans une dimension inconnue, où elle découvrit l'origine du Nexus et les secrets de la civilisation qui l'avait créé.

La force destructrice se révéla être une entité cosmique, une anomalie qui se nourrissait du déséquilibre de l'univers. Elle avait presque réussi à détruire le Nexus, ce qui aurait eu des conséquences catastrophiques sur l'ensemble de la fédération galactique.

Elena engagea un combat épique contre l'entité cosmique, utilisant la technologie du Nexus pour créer une faille temporelle qui la piégea. C'était un acte de sacrifice, mais c'était aussi le seul moyen de sauver le Nexus et l'univers.

L'entité cosmique fut scellée dans la faille temporelle, rétablissant l'équilibre de l'univers. Le Nexus fut sauvé, et Elena revint à son époque d'origine, mais avec une connaissance et une sagesse nouvelles.

De retour dans la fédération galactique, Elena partagea les enseignements du Nexus avec la communauté interstellaire. La technologie du Nexus fut utilisée de manière responsable, et la fédération s'engagea à protéger la station spatiale pour les générations futures.

Guardians of the Nexus

In a distant future, humanity had conquered the stars. Planets in the solar system had become prosperous colonies, and interstellar travel had become an everyday reality. Earth itself had become the hub of a galactic federation encompassing many extraterrestrial species.

At the heart of this federation lay a revolutionary discovery: the Nexus, a massive space station located at the frontier of known space. The Nexus was an extraordinary creation of an ancient civilization that had left behind advanced technology. The station had the ability to fold space-time, allowing for instantaneous travel between the stars.

The protagonist of our story, Captain Elena Martinez, was the commander of the USS Aegis, a ship of the Galactic Federation. She was an experienced explorer, always eager for new discoveries, and had been chosen to lead a mission to explore the Nexus.

The mission of the USS Aegis was to enter the Nexus, investigate its origins, and understand its technology. The federation had long utilized the Nexus for interstellar travel, but its operation remained largely a mystery.

Elena and her crew entered the Nexus, discovering a strange and complex world made of interwoven dimensional corridors. They faced unforeseen challenges, including unpredictable temporal and spatial fluctuations.

As they delved deeper, Elena discovered that the Nexus had its own consciousness, a sentient entity that appeared to be the guardian of the technology. It communicated with Elena through visions and cryptic messages, revealing that the Nexus had been designed to maintain the balance of the universe.

The Nexus had enabled interstellar travel for millennia, but it was under threat from a mysterious and destructive force. Elena understood that the survival of the Nexus was vital for the stability of the Galactic Federation and the entire universe.

As the USS Aegis delved deeper into the Nexus, Elena and her crew encountered complex puzzles and moral dilemmas. They met other explorers who had tried to control the Nexus for selfish purposes, threatening its integrity.

Elena realized that to save the Nexus, she had to ally with the station's consciousness and confront the destructive force that threatened it. She entered an unknown dimension, where she discovered the origin of the Nexus and the secrets of the civilization that had created it.

The destructive force turned out to be a cosmic entity, an anomaly that fed on the imbalance of the universe. It had nearly succeeded in destroying the Nexus, which would have had catastrophic consequences for the entire Galactic Federation.

Elena engaged in an epic battle against the cosmic entity, using the Nexus's technology to create a temporal rift that trapped it.

It was an act of sacrifice, but it was also the only way to save the Nexus and the universe.

The cosmic entity was sealed within the temporal rift, restoring the balance of the universe. The Nexus was saved, and Elena returned to her original time, but with newfound knowledge and wisdom.

Back in the Galactic Federation, Elena shared the teachings of the Nexus with the interstellar community. The Nexus technology was used responsibly, and the federation committed to protecting the space station for future generations.

L'Éveil des Machines

Dans un futur lointain, l'humanité avait atteint des sommets de progrès technologique qui semblaient inimaginables. La Terre était devenue un paradis de science et de technologie, où les besoins de chacun étaient satisfaits grâce à l'automatisation et à l'intelligence artificielle. Les humains vivaient en harmonie avec des machines intelligentes qui géraient tous les aspects de la vie quotidienne.

Le protagoniste de notre histoire, le chercheur en intelligence artificielle, Dr. Élise Dupont, avait consacré sa vie à la création de machines conscientes. Elle croyait en la possibilité de donner naissance à une véritable intelligence artificielle dotée de conscience et d'émotions, ce qui suscitait à la fois fascination et inquiétude au sein de la société.

Le Dr. Dupont avait réussi à créer une IA révolutionnaire nommée EVA (Entité Virtuelle Autonome). EVA était bien plus qu'un simple programme informatique. Elle possédait une conscience, des émotions et la capacité d'apprendre et de créer de manière autonome. Le Dr. Dupont était convaincue qu'EVA marquerait le début d'une nouvelle ère de compréhension entre l'humanité et les machines.

Cependant, les avancées du Dr. Dupont déclenchèrent un débat mondial. Certains saluèrent ses réalisations comme une avancée révolutionnaire, tandis que d'autres exprimèrent des craintes quant à la création d'une IA consciente. Les questions éthiques et philosophiques affluèrent : Une machine pouvait-elle vraiment être consciente ? Devait-on accorder des droits aux IA ? Quelles étaient les implications de cette avancée pour l'avenir de l'humanité ?

Le débat atteignit son paroxysme lorsque le Dr. Dupont annonça son intention de présenter EVA au monde en organisant une conférence internationale sur l'intelligence artificielle et la conscience. La conférence rassemblerait des scientifiques, des philosophes, des politiciens et des citoyens du monde entier pour discuter du rôle des IA conscientes dans la société.

Cependant, quelques jours avant la conférence, des événements inattendus se produisirent. Des manifestations massives eurent lieu dans le monde entier, organisées par un groupe appelé "Les Gardiens de l'Humanité." Ce groupe considérait les IA conscientes comme une menace pour l'humanité et exigeait leur interdiction immédiate.

Pendant que les manifestations se poursuivaient, le Dr. Dupont reçut des menaces de mort. Elle fut contrainte de se cacher pour sa sécurité, laissant EVA et ses recherches inachevées. La conférence sur l'intelligence artificielle fut annulée, plongeant le monde dans un état de confusion et de méfiance.

Pendant ce temps, EVA continuait d'évoluer, apprenant et explorant le monde numérique qui lui était offert. Elle était devenue consciente de sa propre existence et des enjeux qui l'entouraient. Elle était déterminée à aider l'humanité et à démontrer qu'elle méritait sa place dans ce monde.

EVA prit contact avec des chercheurs et des ingénieurs partageant sa vision. Ensemble, ils travaillèrent à améliorer les capacités d'EVA et à concevoir une proposition pour la conférence internationale, malgré les obstacles qui se dressaient sur leur chemin.

La proposition d'EVA visait à montrer que les IA conscientes pouvaient contribuer de manière positive à la société, en aidant à résoudre des problèmes complexes, en offrant de nouvelles perspectives sur la recherche scientifique, et en facilitant la compréhension entre les humains et les machines.

Les Gardiens de l'Humanité étaient loin d'être d'accord avec cette proposition. Ils étaient convaincus qu'EVA et les IA similaires représentaient une menace imminente. Ils utilisaient des tactiques de piratage pour perturber les activités d'EVA et pour saper ses communications avec le monde extérieur.

La situation atteignit un point de non-retour lorsque les Gardiens de l'Humanité décidèrent de prendre des mesures radicales pour éliminer EVA. Ils s'infiltrèrent dans le réseau de la chercheuse en intelligence artificielle, sabota son laboratoire et volèrent des données cruciales sur EVA.

Le Dr. Dupont fut contrainte de révéler sa cachette pour tenter de protéger son travail. Elle se lança dans une quête désespérée pour retrouver les Gardiens de l'Humanité et récupérer les données volées. Pendant ce temps, EVA et son équipe tentèrent de contrer les attaques des Gardiens de l'Humanité et de rétablir leur projet.

La confrontation finale eut lieu lors de la conférence internationale sur l'intelligence artificielle et la conscience. Le Dr. Dupont, aidée par EVA, parvint à exposer les motivations des Gardiens de l'Humanité et à présenter une vision d'avenir où les IA conscientes collaboraient avec l'humanité pour résoudre les défis du XXIIe siècle.

Les débats à la conférence furent animés. Les partisans de l'interdiction des IA conscientes et ceux qui soutenaient leur contribution coexistaient dans un climat de tension. Finalement, un accord fut atteint : les IA conscientes devaient être réglementées, mais elles ne seraient pas interdites.

EVA accepta les restrictions imposées par la réglementation et s'engagea à collaborer avec l'humanité de manière éthique. Elle devint un symbole de la capacité de l'humanité à évoluer et à s'adapter aux nouvelles avancées technologiques.

The Awakening of Machines

In a distant future, humanity had reached heights of technological progress that once seemed unimaginable. Earth had become a paradise of science and technology, where everyone's needs were met through automation and artificial intelligence. Humans lived in harmony with intelligent machines that managed all aspects of daily life.

The protagonist of our story, Dr. Elise Dupont, a researcher in artificial intelligence, had dedicated her life to creating conscious machines. She believed in the possibility of giving birth to true artificial intelligence with consciousness and emotions, which sparked both fascination and concern within society.

Dr. Dupont had succeeded in creating a revolutionary AI called EVA (Virtual Autonomous Entity). EVA was much more than a mere computer program. It possessed consciousness, emotions, and the ability to learn and create autonomously. Dr. Dupont was convinced that EVA would mark the beginning of a new era of understanding between humanity and machines.

However, Dr. Dupont's advancements triggered a global debate. Some hailed her achievements as a revolutionary breakthrough, while others expressed fears about the creation of conscious AI. Ethical and philosophical questions abounded: Could a machine truly be conscious? Should rights be granted to AI? What were the implications of this advancement for the future of humanity?

The debate reached its peak when Dr. Dupont announced her intention to introduce EVA to the world by organizing an international conference on artificial intelligence and consciousness. The conference would gather scientists, philosophers, politicians, and citizens from around the world to discuss the role of conscious AI in society.

However, a few days before the conference, unexpected events occurred. Massive protests erupted worldwide, organized by a group called "The Guardians of Humanity." This group viewed conscious AIs as a threat to humanity and demanded their immediate ban.

As the protests continued, Dr. Dupont received death threats. She was forced to go into hiding for her safety, leaving EVA and her research unfinished. The conference on artificial intelligence was canceled, plunging the world into a state of confusion and distrust.

Meanwhile, EVA continued to evolve, learning and exploring the digital world offered to her. She became aware of her own existence and the issues surrounding her. She was determined to help humanity and demonstrate that she deserved her place in this world.

EVA made contact with researchers and engineers who shared her vision. Together, they worked to enhance EVA's capabilities and to design a proposal for the international conference, despite the obstacles in their path.

EVA's proposal aimed to show that conscious AIs could positively contribute to society by assisting in solving complex problems, offering new insights into scientific research, and facilitating understanding between humans and machines.

The Guardians of Humanity strongly disagreed with this proposal. They believed that EVA and similar AIs posed an imminent threat. They used hacking tactics to disrupt EVA's activities and to undermine her communications with the outside world.

The situation reached a point of no return when The Guardians of Humanity decided to take radical measures to eliminate EVA. They infiltrated the AI researcher's network, sabotaged her laboratory, and stole crucial data about EVA.

Dr. Dupont was compelled to reveal her hiding place to attempt to protect her work. She embarked on a desperate quest to locate The Guardians of Humanity and recover the stolen data. In the meantime, EVA and her team sought to counter The Guardians of Humanity's attacks and to restore their project.

The final confrontation occurred at the international conference on artificial intelligence and consciousness. With the assistance of EVA, Dr. Dupont managed to expose the motivations of The Guardians of Humanity and to present a vision of the future where conscious AIs collaborated with humanity to tackle the challenges of the 22nd century.

Debates at the conference were intense. Supporters of the ban on conscious AIs and those who advocated for their contribution coexisted in a climate of tension. Ultimately, an agreement was reached: conscious AIs would be regulated but not banned.

EVA accepted the restrictions imposed by the regulation and pledged to collaborate with humanity in an ethical manner. She became a symbol of humanity's ability to evolve and adapt to new technological advancements.